UNE VISITE

AU

MARÉCHAL CANROBERT

PAR

HENRY D'IDEVILLE

QUATRIÈME ÉDITION

Prix : 1 franc

PARIS

BLOUD ET BARRAL, ÉDITEURS-LIBRAIRES

10, RUE CASSETTE, 10

1876

UNE VISITE

AU

MARÉCHAL CANROBERT

PAR

HENRY D'IDEVILLE

PARIS

BLOUD ET BARRAL, ÉDITEURS-LIBRAIRES

10, RUE CASSETTE, 10

1876

SOMMAIRE

La demeure du maréchal. — Paul de Molènes, romancier militaire, et la *Revue de France*. — Le maréchal Saint-Arnaud et le général Canrobert en Crimée. Le colonel de la Tour du Pin. — Le général Chanzy, Président du centre gauche et gouverneur général de l'Algérie. Les grandes responsabilités. Le génie et le sentiment du devoir. — Déposition du maréchal Canrobert au procès Bazaine. La journée de Saint-Privat. — Par qui devrait être écrite certaine page de notre histoire ? Jérémie, Bossuet, Tacite et Beaumarchais. — Réponse aux calomnies de M. Kinglake sur la guerre de Crimée. La lettre de lord Raglan et les deux adresses de la Chambre des Lords et de la Chambre des Communes. — Fait d'histoire inédit relatif à notre campagne d'Italie en 1859. Arrivée du maréchal Canrobert à Turin. Perplexité du roi Victor-Emmanuel. Turin menacé par les Autrichiens. Le maréchal Canrobert refuse de défendre les positions trop faibles de la Dora-Baltea. — Visite nocturne du comte de Cavour. — Résolution du maréchal Canrobert. — Départ des troupes pour Alexandrie et Casale. Les Autrichiens abandonnent leur marche sur Turin et rétrogradent en se portant

UNE VISITE

AU

MARÉCHAL CANROBERT

Paris, juin 1875.

Il était à peine neuf heures, lorsque je sonnai à la
porte du maréchal Canrobert. Le maréchal habite, au
fond d'une cour, une sorte de petit hôtel, corps de logis
séparé des autres habitants de la maison. Sa demeure
est fort modeste, meublée confortablement, mais sans
aucun luxe. Ce qui frappe les regards en arrivant est
une petite voiture d'enfant remisée sous l'escalier.
D'assez médiocres gravures, des aquarelles, des photo-
graphies accrochées dans ledit escalier, dénotent chez
le maître de céans peu de préoccupation des arts autres
que celui de la guerre. Les soldats sont, en général,
peu soucieux des choses de l'art. Le maréchal Niel, ce
ministre à jamais regrettable, n'avait visité le Louvre
qu'une fois dans sa vie, par hasard, disait-il lui-

1.

même, au temps où il était à l'École polytechnique : je tiens le fait d'un de ses aides de camp.

On me fit entrer dans un petit salon situé au premier étage ; deux portraits ornent l'appartement : l'un est celui de Mme la maréchale, peint par Jalabert ; l'autre celui du maréchal. Ces portraits sont fort beaux. Le dernier surtout m'a frappé ; il est très-ressemblant et de grande facture. La figure spirituelle, énergique et franche du soldat est peinte largement et d'une façon très-simple. C'est une œuvre remarquable de Mlle Jacquemard, bien supérieure, naturellement, au fameux portrait de M. Thiers, si souverainement manqué.

Voici comment j'avais été amené à venir rue de Marignan. Peu de temps auparavant, la *Revue de France* avait publié, sous le titre *Romanciers militaires*, une étude, signée de moi, sur Paul de Molènes, lequel avait servi en Crimée comme porte-fanion auprès du maréchal Canrobert. L'article étant tombé sous les yeux de ce dernier, la poste m'apporta le lendemain une carte du maréchal avec ces mots : « Remerciments pour le noble souvenir donné à son cher regretté officier d'ordonnance des glorieuses époques. » Le maréchal Canrobert me connaissait à peine ; je l'avais rencontré une seule fois dans ma vie, il y a déjà longtemps, en 1862, à un déjeuner chez le général Fleury, et certainement mon nom lui était peu familier. Une occasion naturelle s'étant offerte d'aller rendre mes hommages au maréchal, je la saisis avec plaisir, d'autant plus que cette figure de soldat, pleine de grandeur et de pittoresque, m'avait toujours attiré.

Le maréchal vit dans une retraite profonde, se tenant tout à fait en dehors de la politique. Ce soldat plein de verdeur, d'énergie, est, avant tout, homme de devoir et de renoncement. Que de services il pourrait rendre à son pays, pense le plus grand nombre. Or, de toute son autorité et de son ancienne splendeur il ne reste aujourd'hui au maréchal qu'un aide de camp, qui lui a été accordé par le ministre de la guerre.

On vint m'avertir que le maréchal pouvait me recevoir, et je gravis le second étage où se trouve le cabinet du héros de toutes nos guerres.

— J'ai lu avec beaucoup de plaisir votre étude sur Paul de Molènes, me dit le maréchal, et je vous remercie sincèrement d'avoir ainsi fait connaître mon brave officier d'ordonnance. Je vous aurais écrit une longue lettre au lieu de tracer quelques mots sur ma carte, si vous m'aviez moins bien traité. En même temps, le maréchal, prenant le volume de la *Revue de France* qui était sur son bureau, lut tout haut le passage suivant :

« Les péripéties de cette page mémorable de nos fastes (guerre de Crimée) sont retracées par Paul de Molènes avec la fidélité de l'historien, la chaleur du combattant, la couleur de l'artiste. Ses jugements sur le maréchal Saint-Arnaud et le général Canrobert seront ratifiés par la postérité. L'abnégation, le sang-froid, l'héroïsme de ces deux hommes ne semblent-ils pas, en effet, grandir avec l'éloignement? Vingt ans à peine se sont écoulés depuis les événements dont parle l'auteur des *Commentaires d'un soldat*, et voilà déjà que la mâle figure du vainqueur de l'Alma qui commande à la mort un sursis pour vaincre, aussi bien que la physionomie si spirituelle et si française de son successeur, ce héros de bonté, de bravoure et de renoncement, nous apparaissent toutes deux, avec leur relief, semblables à des médailles de héros anti-ques [1]. »

— Vous comprenez que je ne pouvais guère répondre à cela ! reprit en souriant le maréchal. Vous avez bien jugé de Molènes, c'était une épée et c'était une lyre ; au demeurant, bon soldat, intelligent, ardent et dévoué. Je m'étonne que vous n'ayez point parlé d'un de ses amis intimes, de son meilleur camarade, La

---

1. *Revue de France,* mai 1875, n° 41. *Romanciers militaires. Paul de Molènes, Alfred de Vigny.*

Tour du Pin. Celui-là aussi était un type bien original ; il ne nous a pas quittés un seul instant en Crimée : c'est là qu'il est mort. Il couchait sous la propre tente de Molènes, afin d'être sur pied, à toute heure, et de prendre part à toutes les affaires, à tous les engagements. Lorsque de Molènes partait seul ou ne le réveillait point, La Tour du Pin entrait dans des colères violentes. Jamais je n'ai rencontré un homme aussi avide du danger. Il était très-myope et, de plus, très-sourd, — deux conditions, dira-t-on, pour ne point craindre le péril qu'on ne voit point et qu'on ne peut entendre, mais ce n'était point là le courage du colonel de La Tour du Pin. Cet homme était trempé d'une façon étrange ; il courait à l'ennemi comme un taureau court au rouge. Avant qu'il fût blessé, je lui disais : « Mon pauvre La Tour du Pin, vous êtes le plus vaillant soldat que je connaisse, mais vous êtes un fou. Si vous tombez ici, et vous tomberez, je vous jure de faire élever une colonne avec ces mots : « Ci-gît un « preux du moyen âge égaré à notre époque. » Peu de temps après il mourut frappé.

Le maréchal, après être entré dans quelques détails intimes concernant Paul de Molènes, me parla d'Alger et m'interrogea sur le général Chanzy, sur mes relations avec lui et la situation en Algérie de l'ex-président du centre gauche. Je ne cachai point au maréchal mon entier sentiment sur le gouverneur général, homme honorable, mais sans fermeté de caractère, cherchant toujours sa voie et comptant sur les événements pour jouer un rôle. — C'est un excellent père de famille, travailleur solide et administrateur consciencieux, ajoutai-je; mais, en somme, c'est un homme très-surfait, incapable, selon moi, de jouer jamais un grand rôle politique, bien que l'ardent désir d'habiter l'Élysée ait plus d'une fois, peut-être, hanté ses nuits et troublé son sommeil! On a dit du général Chanzy que le dictateur Gambetta l'inventa un jour, par haine et par terreur des anciens généraux, et que sans cette aide le général, à cette heure, serait moins connu que tant d'autres excellents et modestes divisionnaires. Mais le reproche le plus sérieux qui puisse être adressé au général Chanzy est d'avoir eu le triste courage de voter, à l'Assemblée, la continuation de la *guerre à outrance*, lui qui, mieux que tout autre, hélas! après le désastre du Mans, savait à quoi s'en tenir sur la tenue et la vigueur de nos mobilisés.

— Ce que vous dites là est grave et en même temps fort intéressant, répondit le maréchal. Mais combien de fois en est-il ainsi! Tel, plein d'énergie et

de réelles qualités au second plan, devient hésitant
et insuffisant dès qu'il doit encourir une responsabilité, dès qu'il doit prendre un parti, une forte décision. — Ah! c'est une histoire bien connue! — Pour
occuper dignement le pouvoir, pour diriger les grandes
masses, on ne peut se tirer d'affaire que de deux
façons : il faut avoir du génie, des qualités hors ligne,
être vraiment supérieur. Lorsque le génie manque, on
ne peut le remplacer que par une honnêteté profonde
et par le sentiment du devoir. . . . .

. . . .

— C'est trop de modestie de votre part, monsieur le
maréchal, répondis-je ; vous n'ignorez pas combien
vous êtes aimé et admiré en France ; nulle physionomie n'est plus populaire que la vôtre, et l'ascendant
que vous exercez sur les troupes et sur ceux qui vous
entourent est immense. N'êtes-vous pas le symbole
de l'honneur français, de l'héroïsme, de l'abnégation,
le représentant le plus pur de notre vieille armée de
France? En ce siècle, vous aurez une place à part, et
votre esprit, votre bonté, votre courage resteront lé-
gendaires. Tenez! monsieur le maréchal, vous ne sau-
riez vous imaginer quel effet a produit parmi tous,
amis ou ennemis, le récit si simple, si émouvant de
votre journée de Saint-Privat fait au procès Bazaine.

— Vous avez vengé et réhabilité cette armée que vous aimez tant, et votre déposition a plus fait pour notre gloire que les livres, plaidoyers et longs récits de vos collègues.

— Je n'ignore pas ce qu'on a dit, reprit le maréchal. Hélas ! n'est-ce pas encore une preuve de notre légèreté et de notre enthousiasme irréfléchi ! Cette déposition m'a rendu populaire, m'assurez-vous ; or, voilà que quelques paroles, prononcées devant un conseil de guerre, ont plus fait pour ma réputation, pour mon honneur militaire que les cent combats où j'ai joué ma vie ! C'est bien ainsi que nous sommes en France, les uns et les autres [1]. Quoi qu'il en soit, mes

1. Je viens de relire, dans le procès Bazaine, la déposition du maréchal Canrobert à l'audience du 21 octobre 1872. — Il y a en effet, dans ce récit si lucide et si émouvant (selon les termes mêmes du président du conseil, duc d'Aumale), un tel accent de vérité et d'honneur, une telle absence de forfanterie et de préoccupation personnelle, une telle sérénité enfin, que nous comprenons aisément l'impression profonde que causèrent dans l'auditoire les paroles du maréchal Canrobert. — Les débats solennels de Trianon, conclusion fatale de la douloureuse capitulation de Metz, furent conduits avec une intelligence, une autorité et une dignité dont on se souviendra longtemps. — Le gros volume in-4° de 800 pages, que nous venons de parcourir (*Procès Bazaine, compte rendu sténographique* in extenso *des séances du 1er conseil de guerre de la 1re division militaire; librairie du* Moniteur universel) restera pour l'histoire une source de précieux renseignements; mais, en même temps qu'il renferme la confession complète, générale de nos erreurs et de nos

soldats et moi avons, jusqu'au bout, accompli notre devoir ; l'honneur est sauf ! En vérité, je pourrais considérer avoir assez fait pour le nom que je porte, le jour où le roi Guillaume écrivait à la reine Augusta : « *Notre garde a trouvé son tombeau à Saint-Privat.* » Ils n'ont eu de nous ni un canon ni un drapeau ! On le sait à peine en France. Dernièrement, à Berlin, un grand personnage visitait, avec l'empereur d'Allemagne, l'arsenal et leurs trophées. « Où sont les drapeaux pris sur le champ de bataille ? demanda le visiteur. — Nous n'en avons pris aucun, répondit le souverain avec une noble franchise. Voici les vitrines où sont les drapeaux trouvés à Metz et les étendards de l'armée prisonnière. C'est tout. »

Ah ! nos chers drapeaux à Berlin ; ah ! notre pauvre armée ! A ce moment, je remarquai l'émotion qui étreignait le cœur du glorieux vaincu ; des larmes perlaient dans ses yeux.

— Voyez-vous, reprit le maréchal en souriant, je ne

autes, il met en lumière bien des traits ignorés d'héroïsme, d'abnégation et de dévouement.

Les portes de Trianon fermées, le grand bruit fait autour de ce te triste épopée s'est éteint. Or, ceci n'est-il point un signe des temps ? Seul, l'accusé maréchal Bazaine, condamné à mort et évadé, a fait autour de son nom grand fracas, tandis que du trop modeste président d'Aumale et de l'héroïque témoin Canrobert, il n'est, pour l'instant, plus question.

suis ni orateur ni écrivain, moi ; simplement un soldat qui aime à narrer ce qu'il a vu, un conteur de bivouac, c'est tout ! — Que d'ouvrages imprimés déjà sur notre malheureuse campagne ! Aucun cependant n'est le bon, car chacun a écrit son livre sous une impression personnelle.

— Savez-vous par qui devrait être écrite cette histoire ? Il faudrait d'abord un Jérémie pour se lamenter sur nos fautes et sur nos malheurs et verser des torrents de larmes. Ensuite il faudrait un Bossuet pour exhausser les âmes et narrer, en magnifique langage, les traits d'héroïsme et les suprêmes efforts accomplis par notre armée calomniée ! Puis un Tacite pour graver, d'un burin impitoyable, les portraits de ceux qui nous ont conduits là et éclairer d'une façon lumineuse les silhouettes des uns et des autres, diplomates, politiques ou soldats. Pour achever enfin ce drame fantastique, il faudrait un Beaumarchais qui déchirât les masques, qui cinglât à droite et à gauche et montrât le côté à la fois sinistre et bouffon des hommes qui, après le désastre, se sont arraché le pouvoir !

— Chacun, fatalement, est entraîné à écrire l'histoire ; mais, trop souvent, que de passion, de haine ;

de mauvaise foi ! — Tenez, voici un livre publié en
Angleterre, que l'on vient de m'envoyer hier, en m'in-
vitant à y répondre ; n'est-ce pas à moi de venger notre armée d'Orient, notre épopée de Crimée? me dit-on.
— Ce fut une terrible et gigantesque lutte ; on ne con-
naîtra jamais les trésors de patience, de gaieté, de
bravoure enfermés dans le cœur de nos petits soldats.
Eh bien ! un Anglais, M. Kinglake, s'avise de nous
insulter, de nous jeter de la boue, aujourd'hui. C'est
généreux, n'est-ce pas? — Je suis le seul survivant
des chefs de cette armée d'Orient. Dois-je descendre
jusqu'à relever l'injure? C'est inutile. — Or, savez-
vous quelle sera ma réponse? — Je reproduirai simplement les félicitations, les remerciments unanimes
qui me furent envoyés par les Chambres des Lords
et des Communes réunies, avec la lettre du feld-maréchal Raglan, affirmant hautement le concours dévoué
que je n'ai cessé de donner à nos alliés !

Et en même temps le maréchal me fit lire ces trois
documents authentiques tels qu'il les avait reçus en
langue française. « Cela suffit amplement, n'est-il pas
vrai? » ajouta-t-il.

A Son Excellence le général Canrobert.

Devant Sébastopol, 4 janvier 1855.

Général,

J'ai l'honneur de transmettre à Votre Excellence les résolutions unanimes de la Chambre des Lords et de celle des Communes, du 15 du mois dernier, qui expriment la haute valeur qu'elles attachent aux grands et éminents services de Votre Excellence, et à la coopération cordiale et aux brillants exploits de l'armée française. J'ai reçu l'ordre d'être l'interprète de ces sentiments auprès de Votre Excellence, et, par votre entremise, auprès des braves soldats qui servent sous vos ordres.

Je suis enchanté qu'une tâche aussi agréable me soit dévolue, que celle d'offrir à Votre Excellence et à l'armée française le tribut de remercîments de la part du Parlement anglais, et je suis heureux de saisir cette occasion, afin de vous assurer que les sentiments que les Chambres ont exprimés sont en harmonie avec ceux de la Reine et de toutes les classes des sujets de Sa Majesté ; que leur admiration de la conduite des troupes est universelle ; et que tous sont convaincus que la cause dans laquelle les deux nations sont engagées, a énormément profité de l'union qui n'a pas cessé de régner entre les généraux en chef des armées de la France et de l'Angleterre, et des efforts combinés et de la bonne camaraderie des troupes.

J'ai l'honneur d'être, général, de Votre Excellence, le très-obéissant et très-humble serviteur.

Signé : RAGLAN.

CHAMBRE DES LORDS

Die Veneris 15° decembris 1854.

Résolu, nemine dissentiente, par les Lords spirituels et temporels en Parlement assemblés.

Que les remercîments de cette Chambre soient rendus au général Canrobert et à l'armée française pour leur vaillante et heureuse coopération avec les forces de terre de Sa Majesté, dans l'attaque sur la position de l'ennemi à Alma, pour leur assistance énergique et opportune qui a permis de repousser l'ennemi à Inkermann, et pour leurs efforts distingués de concert avec les troupes de Sa Majesté pendant le siége de Sébastopol; et qu'on prie le feld-maréchal lord Raglan de leur transmettre les présentes résolutions.

Signé : John-George Shaw-Lefebvre.
Dip. clerc; Parliamentor.

CHAMBRE DES COMMUNES

Veneris 15° die decembris 1854.

Résolu, nemine contradicente,

Que les remercîments de cette Chambre soient rendus au général Canrobert et à l'armée française pour leur vaillante et heureuse opération avec les forces de terre de Sa

2.

Majesté dans l'attaque sur la position de l'ennemi à Alma, pour leur assistance énergique et opportune qui a permis de repousser l'ennemi à Inkermann, et pour leurs efforts distingués de concert avec les troupes de Sa Majesté pendant le siége de Sébastopol ; et qu'on prie le feld-maréchal lord Raglan de leur transmettre les présentes résolutions.

Signé : Denis Le Marchant,

V. Dom. Com.

— J'ai lu votre *Journal d'un diplomate en Italie,* continua le maréchal, et je vous en félicite. — C'était encore de grandes époques. — N'êtes-vous pas arrivé à Turin après notre retour en France ? — Précisément, monsieur le maréchal, j'ai quitté Paris le lendemain de la rentrée triomphale des troupes, de l'armée d'Italie ; Turin était encore occupé par les Français lorsque j'y débarquai comme secrétaire de la légation de France.

— Sans doute avez-vous su, alors, à la légation, ce qui s'était passé ; et les dangers qu'avaient courus le roi et la capitale ? La Tour-d'Auvergne a dû vous en parler. Cependant, il faut que je vous raconte ces faits très-peu connus. On a passé ces incidents sous silence ! Je n'ai point voulu les relever. Depuis quatre ans j'étais maréchal de France ! Que pouvait-on faire de plus pour moi? D'autres avaient besoin de commencer leur gloire. Je ne voulus pas les gêner.

Voici la chose : — Vous vous souvenez avec quelle précipitation fut déclarée la guerre de 1859 entre l'Autriche et l'Italie. Il n'y avait pas un instant à perdre, les Autrichiens étaient sur le théâtre de la lutte.— Notre armée dut s'avancer, vous le savez, d'un côté par Gênes, de l'autre par les Alpes. J'étais le chef de l'armée qui, suivant le chemin d'Annibal et de Bonaparte, dit en souriant le maréchal, descendait de France par les montagnes. Le temps pressait. Déjà les Autrichiens menaçaient Turin. Enfin, j'arrive à Suze, au pied du mont Cenis. Nous étions prêts à peine, équipés à la hâte, et je n'avais avec moi que l'avant-garde de mon corps d'armée, huit mille hommes environ. — Or, voici ce que contenaient mes instructions : « Il est « interdit au maréchal Canrobert d'agir isolément et « d'engager ses troupes avant leur réunion complète.» Puis, en *Post scriptum :* — « Le maréchal Canrobert « se rendra compte personnellement, à son arrivée à « Turin, des positions de la Dora-Baltéa que l'on nous « annonce comme formidablement défensives ; si elles « lui paraissent telles, il est autorisé, sous sa respon- « sabilité personnelle, à les occuper. »

Vous étiez à Turin, m'avez-vous dit, peu de temps

après ces événements ; vous n'ignoriez donc pas quelle panique avait saisi l'esprit de tous. La capitale piémontaise, ville ouverte, située en rase campagne, était une proie facile. Les Autrichiens se montraient à quelques lieues ; du haut des clochers, on pouvait les apercevoir dans la direction de Verceil. Les habitants de Turin étaient terrifiés ; on emballait déjà les archives du royaume. En débarquant à Suze, je trouvai le Roi, venu au-devant de moi, dans un état d'inquiétude difficile à décrire. Il me supplia de prendre position sur la Dora-Baltéa.

Nous arrivons à Turin et je cours, au débotté, visiter avec lui les lieux en question. C'était un point impossible à défendre ! — Mais, dit le Roi qui ne me quittait point, nous le jugions très-important, capable d'arrêter les Autrichiens. — Hélas ! non, répondis-je à Victor-Emmanuel, Votre Majesté voit elle-même qu'il n'y faut plus songer ; chercher à défendre ce point serait nous perdre inutilement.

— Mais que devenir ? Les Autrichiens sont à quelques lieues, dit le Roi. A tout prix, ils veulent occuper ma capitale, il faut prendre un parti !

C'est alors que je montrai au Roi mes instructions. Après les avoir lues, il me les rendit en disant : « Je suis donc perdu ! »

— Non, Sire, répondis-je, vous ne l'êtes pas. Il ne sera pas dit que la capitale des alliés de la France aura été brûlée devant les baïonnettes françaises. Votre Majesté peut-elle me garantir que Casale et Alexandrie (vingt lieues en avant sur le flanc gauche des Autrichiens) peuvent mettre à l'abri les quelques milliers d'hommes que je possède ?

— Je vous en donne ma parole de Roi, répondit Victor-Emmanuel.

— Alors, je n'hésite pas, Sire, malgré la responsabilité immense qui va m'incomber, à me porter sur Casale et sur Alexandrie, si vous voulez m'y suivre. Pour sauver Turin, il faut l'abandonner. Ce mouvement stratégique, menaçant les communications de l'ennemi, peut seul dégager la capitale. Le Roi se jeta dans mes bras.

— Oh! merci! maréchal, nous partirons cette nuit.

Je quittai le Roi pour prendre les dispositions nécessaires; nous devions partir au jour naissant. A minuit, je fus m'étendre tout habillé sur un canapé. Je logeais au palais, dans un des appartements royaux. A peine reposais-je depuis un quart d'heure que j'entends frapper à ma porte. J'ouvre. Entre un petit homme, gros, court, à lunettes, dont le visage m'était inconnu.

« Je suis le comte de Cavour, dit-il, et je viens vous

demander, maréchal, si Sa Majesté ne s'est pas trompée, s'il est bien vrai que vous, maréchal de France, vous vous refusiez à défendre Turin et que vous abandonniez les positions de la Dora-Baltéa. C'est impossible!
— Cela est pourtant ainsi, repris-je, monsieur le comte, je suis seul juge ; n'ayant point de conseil en politique à vous donner, souffrez qu'en fait de dispositions militaires je ne vous en demande pas. — Quelle responsabilité sera la vôtre, monsieur le maréchal, devant l'histoire et devant l'Empereur ! — Croyez, monsieur le comte, que j'ai réfléchi avant de prendre cette décision. Autant que vous je désire sauver le roi de Sardaigne et sa capitale. Voilà pourquoi j'emploie l'unique moyen qui nous reste.

Le grand ministre partit après m'avoir salué froidement, et je repris mon canapé.

Deux heures après, au petit jour, nous quittions Turin. Dès que les Autrichiens eurent connaissance de notre départ, ils abandonnèrent leur marche en avant sur Turin et rétrogradèrent à la hâte en se portant de notre côté. La ville était sauvée ! Mon plan avait merveilleusement réussi. Sans doute, c'était un coup audacieux, mais le seul qui pût dégager la capitale. Avec les Prussiens, tels que nous avons appris à les connaître, j'eusse été perdu. Ils auraient certainement

connu, eux, l'insuffisance de nos forces, et ne se se-
raient point donné la peine de revenir sur leurs pas.
Ils auraient été informés que notre armée descendait
lentement, très-lentement les Alpes, et qu'avant qu'un
corps d'armée eût pu opérer sa jonction avec les troupes venues par mer et débarquant à Gênes, ils avaient
tout le temps d'envahir, de saccager Turin, d'emmener
le Roi prisonnier avec son gouvernement.

Le Roi n'a jamais oublié le service que je venais de
lui rendre en cette circonstance. Ces faits si impor-
tants du début de la campagne n'ont pas été relevés,
comme je le disais. L'Empereur seul les a appréciés ;
ils sont, au reste, consignés dans un ouvrage officiel
sur la campagne d'Italie publié par le ministère de la
guerre. Quant à M. de Cavour, nous fûmes séparés
pendant la durée de la campagne. Nous nous retrou-
vâmes à Milan. A peine m'eut-il aperçu qu'il se jeta
dans mes bras et m'embrassa. « Comme vous aviez
raison, monsieur le maréchal, me dit-il, de m'écon-
duire, certaine nuit, au palais de Turin ! Sans votre
promptitude, sans votre décision, nous étions perdus
avant même l'arrivée des Français. » M. de Cavour
n'était point banal, vous le savez, monsieur d'Ide-
ville.

L'importance de ce récit me frappa tellement, que

j'ai recueilli presque à la lettre les termes dont se servit le maréchal. Il est à désirer que les historiens ne passent pas sous silence un fait de guerre aussi grave qui permit de mettre en relief, à un si haut point, la présence d'esprit, l'honnête décision et le coup d'œil d'un maréchal de France.

Ce fut cette opération qui décida du sort de notre campagne, et il serait, en définitive, aussi injuste de nier l'importance de ce mouvement stratégique que de passer sous silence l'héroïque conduite du général de Mac-Mahon à Magenta.

Le maréchal Canrobert me parla en termes toujours affectueux du président de la République; mais il serait inopportun de relater ici cette partie de notre conversation.

« La France, me dit-il, est une cavale ardente, fougueuse, pleine de race, mais si impressionnable et si sensible qu'elle ne peut être montée et domptée que par un maître. C'est de celui qui la tient en main que dépend son allure. Si l'écuyer est hésitant, sans décision elle s'emballe, elle devient folle. Ce qu'il lui faut, c'est un cavalier consommé et énergique, qui la tienne tête

haute, qui modère et active à son gré sa course vaga-
bonde, un centaure enfin ! Elle a eu Henri IV, Richelieu ;
elle a eu Louis XIV ; elle a eu Napoléon Ier ; elle a eu
Napoléon III... pendant les dix premières années de
son règne ! — Qu'un homme saute en selle, demain elle
retrouvera ses moyens, ses actions, toutes ses allures.
Ah ! que de belles chevauchées encore ! Mais c'est le
centaure, un autre, un nouveau centaure qu'il lui
faut. »

Lorsque je me disposai à prendre congé du maréchal, celui-ci demeura longtemps debout, continuant
son intéressant entretien, marchant et gesticulant, selon son habitude : « Savez-vous, me dit-il en saisis-
sant un long rouleau de métal placé sur une table, ce
que contient cet étui ? En même temps il dépliait un
rouleau de parchemin. Voilà qui vient d'Angleterre,
c'est le brevet m'instituant membre de la *Corporation
des Épiciers de Londres*. Ceci peut faire rire en France ;
tout ce que nous ne connaissons point nous prête à
rire, nous sommes si spirituels ! Croyez bien que j'appré-
cie le titre de compter parmi la vieille corporation de la
Cité, honneur qui n'est point réservé à tous. Regardez
le nom de mes devanciers, de mes collègues. » Et en

même temps le maréchal me faisait lire une pancarte où étaient inscrits les membres d'honneur qui, depuis 1231, avaient fait partie de la corporation. On y lisait, entre autres noms, ceux de sir Jonh de Gisors, 1245 ; sir John Philpot, 1378 ; sir John Rivers, 1573 ; le roi Charles II, 1660, George Monck, duc d'Albemarle, 1660; sir John Moore, 1662 ; duc de Buckingham, 1684 ; sir Thomas Chichelex, 1686 ; le roi Guillaume III, 1689 : William Pitt, 1784 ; marquis Tornwalis, 1792 ; George Canning, 1824 ; Robert Peel, 1824 ; lord Raglan 1855 ; amiral Lyons, 1856 ; maréchal Canrobert, 1856 ; duc de Cambridge, 1859 ; lord Clyde, 1860; lord Elgin, 1861 : le prince de Galles, 1863.

« Les statuts de notre Compagnie, reprit le maré-chal, n'ont point changé depuis des siècles. Voilà pourquoi cette corporation et tant d'autres subsistent et résisteront au temps. Là est tout le secret de la puissance et de la grandeur de l'Angleterre : dans son respect pour ses institutions, ses chartes, ses usages et les droits établis de chacun. — Les épiciers de la Cité de Londres sont plus heureux que nous. Ils n'ont pas à se préoccuper, hélas ! de bâcler une constitution pour la renverser ensuite. Combien en avons-nous eues depuis un siècle ? Combien en verrez-vous encore, vous qui êtes plus jeune que moi !

« Ce n'est point que je sois trop vieux, toutefois, reprit le maréchal redressant la tête et frappant sa large poitrine. J'ai de bonnes années encore, si Dieu le veut, au service de mon pays. Je suis prêt à les donner... si on me fait signe. »

Je connais peu de physionomies aussi vivantes, aussi sympathiques que celle du maréchal Canrobert. Il met dans ses paroles, dans ses gestes, une animation, un feu, une ampleur des plus pittoresques. Tout en lui est éloquent, les yeux, la bouche, les bras, la tête, les mains ; chacun de ses mots, de ses mouvements est juste, net et plein d'à-propos. Tantôt il se lève, marche à grands pas, puis se rassied. Tantôt, il gesticule, s'arrête, et vous regarde dans le blanc des yeux. La chaleur avec laquelle il exprime ses pensées, ses sentiments, se communique bientôt à l'interlocuteur, un peu troublé au premier abord par cette fougue inattendue.

Le maréchal Canrobert n'a pas beaucoup plus de soixante-cinq ans ; il est de taille moyenne ; ses cheveux bouclés grisonnent ; l'ensemble de la physionomie est agréable ; le front haut, le regard très-brillant et interrogateur. Il se campe bien et droit ; le dos est un peu voûté, la tête souvent penchée sur l'épaule. Le timbre de la voix est large et profond ; un très-léger accent méridional donne à son langage imagé un caractère original et un côté gouailleur tout particulier.

Dans le courant d'octobre de cette année, j'eus avec M. le maréchal Canrobert un second entretien aussi intéressant que le premier. Le maréchal ayant désiré connaître certains détails relatifs à mon séjour en Algérie, je lui communiquai sans hésitation les documents fort curieux que j'avais rapportés d'Alger, documents qui jettent une vive lumière sur certains faits et sur le caractère des individus. Tout ce qui touche à l'Afrique passionne le maréchal ; on le comprend aisément ; n'est-ce pas là que s'est accomplie la première partie de sa carrière ; chaque coin de terre lui rappelle un trait de bravoure, une action éclatante, un grand souvenir. C'est sur ce sol que, un à un, il a conquis ses premiers grades : l'incroyable assaut de Constantine, la prise des gorges de Mouzaïa, l'assaut de Zaatcha, et tant d'autres théâtres sanglants ont immortalisé son nom. Certes, on ne dira jamais du maréchal Canrobert que l'intrigue et la politique servirent de marraines à ce vaillant soldat. Le maréchal adore son métier et adore la France. Chez lui, ce sentiment domine tous les autres, emplit son âme et absorbe toutes ses facultés. Je ne vois point, à notre époque, un caractère plus profondémeut militaire, une personnification du soldat plus parfaite. Son dévouement, son attachement pour la personne de Napoléon III fut, sans doute, des plus profonds et des plus sincères, mais, dans le cœur du maréchal Canrobert, un autre culte primera toujours les affections les plus chères, c'est la passion du devoir et la passion de la France.

Chose vraiment étrange! rapprochement bizarre, consolant peut-être! Lorsque je suis sorti de la rue de Marignan, le hasard m'a fait passer devant la demeure d'un autre soldat que j'avais visité il y a quelques mois. Or, je me rappelle qu'après avoir quitté, certain matin, M. le duc de Chartres, j'emportai de mon entretien avec lui des impressions absolument semblables à celles que m'a laissées, aujourd'hui, ma longue visite au maréchal Canrobert. Tous deux, certes, ont une origine, une carrière, des opinions bien diverses; j'ignore même s'ils se sont jamais vus, s'ils se sont jamais rencontrés. Eh bien! il est impossible de ne pas être frappé de l'analogie de tempérament, d'allures, de goûts, d'esprit, qui unit à leur insu ces deux soldats,

3.

le vieux maréchal et le jeune commandant de chasseurs. Sur le front de tous deux, éclate et rayonne un
je ne sais quoi de chevaleresque et de français, de
hardi, de fier, de sacré qui émeut, remue et enflamme.
Ni à l'un, ni à l'autre, par exemple, ne parlez politique.
Les plus savantes combinaisons du parlementarisme
et les plus ingénieuses fictions du régime constitu-
tionnel les laisseront insensibles, les trouveront absolument froids.

Je dirai plus : ils haïssent ces sortes de choses et
ne veulent point les comprendre. Assez d'autres, hélas ! en font leur métier, leurs loisirs et leur profit.
Mais qu'un matin, ces mêmes politiciens, blancs, rou-
ges ou bleus, avec leurs innombrables, savantes et in-
fernales combinaisons amènent l'ennemi à notre porte,
entraînent l'étranger au cœur du pays, vous verrez le
vieux maréchal et le jeune colonel, ainsi que vous les
avez vus déjà, muets, obéissants, faisant, lions intré-
pides, avec une simplicité de héros et de martyrs, le
sacrifice de leur vie, cela, pour le seul amour de la
France !

Il faut que chez les hommes de ce tempérament et
de cette trempe le sentiment de la patrie soit bien

puissant pour qu'il leur fasse oublier tout, et ne voir
que la France, et l'honneur de son nom. — Je me sou-
viendrai toujours de ce que me dit M. le duc de Chartres, le matin où je le vis. C'était peu de jours après
le procès intenté au journal *le Pays* par le général
de Wimpfen. On se souvient des scandaleux débats
auxquels il donna lieu, et de cette série de récrimina-
tions, de témoignages si humiliants pour tous. — Le
duc de Chartres, venant à parler de ces révélations,
me dit : « Je ne trouve rien de plus douloureux, de
plus écœurant, de plus triste, que ces comparutions
de soldats à l'audience, venant déposer, s'attaquer, se
déchirer aux yeux du public. Un seul a été superbe,
c'est mon ancien général à Constantine, le général
de Galliffet. — Aussi, n'ai-je pu résister au besoin de
lui écrire, le soir même, pour le féliciter de sa simple et
militaire déposition. Lui, soldat, il s'est refusé à ap-
précier la conduite de son général, et a donné une
excellente leçon à tous. C'est ainsi que je comprends
notre rôle dans l'armée; pas d'avocats parmi nous,
pas de discoureurs! L'effet de sa déposition a été sai-
sissant, parce que le général s'est borné à dire ce qu'il
avait fait, sans se préoccuper de plaire à personne.
Notre métier, notre devoir est d'agir et non de parler,
ajouta le jeune commandant de chasseurs, et, suivant

l'exemple de mon général, je ne m'écarterai jamais de ce rôle. »

N'avais-je pas raison, tout à l'heure, lorsque je disais que Robert Le Fort et Canrobert étaient soldats de même race et cœurs de même trempe?

Le maréchal de France François-Certain Canrobert,
né en 1809, dans le département du Lot, est fils d'un
officier dans l'armée de Condé.

Entré à l'âge de seize ans à Saint-Cyr, il fut
nommé en 1828 au 47ᵉ de ligne avec le grade de
sous-lieutenant. Ce ne fut qu'en 1835 qu'il put aller
en Afrique. Prise de Mascara. A l'assaut de Constantine, blessé auprès du colonel Combes ; chevalier de
la Légion d'honneur (1840).

Chef d'un bataillon de chasseurs à pied après l'en-
lèvement du col de Mouzaïa. Colonel du 64ᵉ de ligne
(1847); colonel du 3ᵉ zouaves ; prise de Zaatcha (1849).

Général de brigade (1853); général de division.
(1855) Guerre de Crimée, maréchal de France.
Expédition d'Italie (1859); commandant le 3ᵉ corps
de l'armée des Alpes.

(1862) Commandant à Lyon le 4ᵉ corps d'armée.
(1865) Commandant en chef l'armée de Paris.
(1870) Commandant le 3ᵉ corps de l'armée du Rhin.
Bataille de Saint-Privat.

PARIS. — TYP. A. POUGIN, 13, QUAI VOLTAIRE. — 1881.